JN410239

| 조성연 시집 · 6 |

생각하며 존재한다

조성연 시집 • 6

생각하며 존재한다

인쇄| 2011년 5월 25일
발행| 2011년 5월 31일

글쓴이|조성연
펴낸이|장호병
펴낸곳|북랜드
110-999 서울 종로구 신문로1가 오피시아 1406호
대표전화 (02) 732-4574 | (053) 252-9114
팩시밀리 (02) 734-4574 | (053) 252-9334

등록일| 1999년 11월 11일
등록번호| 제13-615호
홈페이지| www.bookland.co.kr
이-메일| bookland@hanmail.net

편집주간| 곽홍렬
책임편집| 김인옥
영　업| 최성진

ISBN 978-89-7787-534-0 03810

값 10,000 원

생각하며 존재한다

| 조성연 시집 · 6 |

북랜드

서시

감사하라

행복한 사람
범사에 감사하다는 말
입에 달고 사는
사람

의義를 얼음장처럼
거짓말을 승냥이처럼
믿음이 놀부이고
황량한 바람이면
뱉는 것은 사탄의
말일 뿐

차이는
감사하는 마음
용서하는 마음
늘 범사에

2011년 5월

차례

■산문

□

초대시

삶에 감사합니다

메르세데스소사

삶에 감사합니다
내게 이렇게 많은 것을 준 것에 대해
그는 나에게 두 개의 밝은 눈을 주었습니다
그래서 내가 눈 떴을 때 검은 것과 하얀 것을
높은 하늘에 깊은 별들을 군중들 사이에
사랑하는 사람을 완벽히 구별할 수 있습니다
삶에 감사합니다
내게 이렇게 많은 것을 준 것에 대해
그는 나에게 소리와 글자를 주었고
그 언어들로 나는 생각하고
어머니 친구와 내 형제들을 크게 부를 수 있으며
그 언어들은 내가 사랑하는
영혼의 길의 빛을 밝혀 줍니다
삶에 감사합니다
내게 이렇게 많은 것을 준 것에 대해
그는 나에게 웃음을 주었고 눈물을 주었습니다
내 노래를 만드는 그 웃음과 눈물은 나에게 고통의
말을 이해할 수 있게 해 주었습니다
나의 진솔한 노래는 바로 당신들의 노래이고
또한 우리 모두의 노래입니다
삶에 감사합니다
삶에 감사합니다

아버지의 기도

맥아더

내게 이런 자녀를 주옵소서
약할 때에 자기를 돌아볼 줄 아는 여유와
두려울 때에 자신을 잃지 않는 대담성을 가지고
정직한 패배에 부끄러워하지 않고 태연하며
승리에 겸손하고 온유한 자녀를 내게 주옵소서
생각할 때에 고집하지 않게 하시고
주를 알고 자신을 아는 것이 지식의 기초임을
아는 자녀를 내게 허락하소서

원하옵나니 그를
평탄하고 안이한 길로 인도하지 마옵시고
고난과 도전에 직면하여 분투 항거할 줄 알도록 인도하여 주옵소서

그리하여 폭풍우 속에선 용감히 싸울 줄 알고
패자를 관용할 줄 알도록 가르쳐주옵소서
그 마음이 깨끗하고 그 목표가 높은 자녀를
남을 정복하려고 하기 전에
먼저 자신을 다스릴 줄 아는 자녀를
장래를 바라봄과 동시에 지난날을 잊지 않는

자녀를 내게 주옵소서

이런 것들을 허락하신 다음
이에 대하여 내 아들에게 유머를 알게 하시고
생을 엄숙하게 살아감과 동시에
생을 즐길 줄 알게 하옵소서

자기 자신에 지나치게 집착하지 말게 하시고
겸허한 마음을 갖게 하시사
참된 위대성은 소박함에 있음을 알게 하시고
참된 지혜는 열린 마음에 있으며
참된 힘은 온유함에 있음을 명심하게 하옵소서

그리하여
나 아버지는 어느 날 내 인생을 헛되이
살지 않았노라고 고백할 수 있도록 도와
주옵소서

침묵

토머스머턴

마음이 상했지만 답변하지 않을 때
내 마음, 내 명예에 대한 방어를 하느님께 온전히
맡길 때 침묵은 양선함입니다
형제들의 탓을 드러내지 않을 때
지난 과거를 들추지 않고 용서할 때
판단하지 않고 마음속 깊이 용서해 줄 때
침묵은 자비입니다
불평 없이 고통을 감수할 때
인간의 위로를 찾지 않을 때
서두르지 않고 씨앗이 천천히 싹트기를 기다릴 때
침묵은 인내입니다
형제들이 유명해지도록 입을 다물고
하느님의 능력의 선물이 감춰졌을 때도
내 행동이 나쁘게 평가되더라도
타인에게 영광이 돌려지도록 내버려 둘 때
침묵은 겸손입니다
그분이 행하시도록 침묵할 때
주님의 현존에 있기 위해 세상 소리와 소음을 피할
때 침묵은 '신앙'입니다.
왜라고 묻지 않고 십자가를 포용할 때
그 침묵은 흠숭欽崇입니다

나무들

조이스 칼머

생각해 보라.
이 세상에 나무처럼
아름다운 시가 어디 있으랴.
단물 흐르는 대지의 젖가슴에
마른 입술을 대고 서 있는 나무
온종일 신神을 우러러보며
잎이 무성한 팔을 들어 기도하는 나무
가슴에는 눈이 쌓이는 나무
비와 더불어 다정하게 살아가는 나무
나 같은 바보도 시는 쓰지만
신 아니면 나무는 만들지 못한다

□

시

아름다운 세상

예쁜 상자에
사과를 넣으면 사과 상자
금가락지를 넣으면 금 상자
쓰레기를 넣으면 쓰레기 상자

무엇을 가질까
욕심쟁이가 아니어도
금 상자를 갖겠지

하지만 또 하지만
쓰레기 상자가 없다면
이 세상이 어떻게
아름다워질까

비싼 믿음

시간도 아깝고
돈도 아깝다
세상일에 빠지면

믿지만 믿는 듯
아니 믿는 듯한 사람
싸구려 장사꾼 같다

일해도 그만
안 일해도 그만
꼭 필요한 사람
있으나 마나 한 사람
비싼 사람
값싼 사람

비싼 믿음이 있다
믿음에도
우遇자가 그것 아는 데
시간이 걸린다

성경

두꺼운 책이 좋은 줄 몰랐다
엄마가 옆구리에 끼고 다니는 것을
어느 날 무심히 펼쳐 보았더니
살인자가 되어 있었다

형제에게 노한 자
형제에게 라가라고 말한 자
형제에게 원망을 듣는 자
형제에게 버림받은 자

보이는 형제도 사랑하지 않고
보이지 않는 신을 어찌 사랑하겠다는 건지
아버지가 황소울음을 토해냈다

두꺼운 직사각형 속에서
선과 악은 호리지차라고
엄마는 늘 글방 외듯이 말하며
수없이 펴고 닫으며

울었다 꾀꼬리 울음으로

행복

남촌에만 있는 것일까
산 너머 멀리서 오고
가깝게 있다가 가는 것인가
행복이란 것이

행복을 먹고 산 사람
행복하게 살다가 가는 사람
무의식 속에 알 것 같은 것
자의식 속에 모를 것 같은 것

가까운 곳에 있기도 하고
먼 곳에 있기도 하고
없다가 있기도 한 것

달콤하고 쓰고
복잡하고 아리송한 것이
행복

필리아philia

자연과 문화
인간과 학문
예술 사랑이다
너는

부모와 자식의 사랑
친구와 나에 대한 사랑
이기애에 빠지는 사랑

인류를 평등하게
사랑하는 것이 가능할까

똑같은 모양의 사랑
영원무궁한 사랑
불가능하다

오로지
아가페의 사랑만이
가능할 뿐

그곳에 핀 들꽃

생각만 해도 아름다운 너
생각하면 할수록 미쁘다
무엇이 그곳에 그처럼
피게 하는지

밝게 웃는 모습
고혹의 자태를 보고도
웃지 못한다
사람들은 왜
봄여름 웃고 그 자리에
서 있지만

마감의 겨울이 와도
아름다운 흔적 만들고
지켜보고 있다
가슴속에

사람들의 삶을

믿음이란 것

항상 웃는 것
언제나 보여주는 것
인상 쓰지 않는 것
사람들에게

시간이 많이 걸린다
자아를 깨우치는 일
알려주는 일
이끌어 주는 일
세계 속에서

심고 가꾸는 것
소망과 사랑을
행복을

당신과 내가

사과를 따려면

네가 가라
누가 나를 위해 갈래
그 차이는 결국
믿음이다

부름 받는 자가 되는 것
믿음의 완숙이다

하려면 제대로 하라
하기 싫은 것을 하면
안 한 것만 못하다
사과 따는 일도
믿음 역시

선교

왜 기독교를
믿어야 하는지
명확한 말이 필요하다
중동에서
선교하는 일에

전부가 무슬림
스파이처럼 주는 선교지
이교라고 생각되면
창칼로 찔러 죽이는 곳
가족들 눈앞에서

그들을
용서하는 가족들의
아픔

지금도 전도하다가
순교한다
21세기지만

들꽃 속에 사는 소녀

들꽃 같다
붉은 옷 파란 치마가
노랑머리가

새파란 구름이
작은 박새들이
이슬만 먹은 꿀벌들이
노랑머리가 되어 춤을 춘다
위에서
아래서

붉은 꽃 파랑 잎
노랑나비는 소녀를 닮았다
물결소리
바람소리
꽃향기에 취해서
들꽃 소녀를 부른다

소년의 목소리로

사람을 보지 마라

불신감
못 믿는 것
생각과 생각의
차이가 만들고
지운다

입에 발린 소리
이해에 따라서
만나고 헤어지지 않게
하는 일이 모이는
곳의 할 일

원수는 먼 곳에
있지 않다
그렇다고 험한
얼굴에 있는 것도
아니다

사람을 보지 마라
말씀을 보라

소명

맡겨진 일
주어진 일
책임의식을 가지고
나가는 것
이루는 것

혼신의 정성으로
한결같은 충성으로
흔들림 없이

농부가
봄에 씨앗을 뿌리듯이
가을에 알곡을 거두듯이
순서와 절차에 따라서
열심히 정직하게
하는 것

하나님의 뜻대로

성삼위일체

두 갈래의
성삼위일체

로마의 관점
성령은 성부성자에서

비잔틴byzantine의 관점
성령은 오로지 성부에서만

어느 것이 맞을까

그것도 모르면
당신은
바보

원두막

사과 궤짝 엎어놓고
시를 쓰던 시절
이것 해서 밥 먹느냐고
야단맞던 일

그 앞 지나갈 때마다
아버지의 화난
얼굴 생각난다
어머니의 웃는 모습도

이엉蓋草 원두막
양철 지붕에서
세멘 지붕에서
장소가 바뀌었지만
생각나는 것은
밥 먹느냐는 말

귀신같이 예견한
아버지의 말이
지금도 사정없이 귀청을
때린다

정신적 고통

육체와 정신
힘이 더 드는 쪽은

땀 흘려 일하지 않아도
바늘로 찌르듯이
아픔을 주는 것은
노동의 기쁨은
어느 것이 더
기쁨이고 고통일까

그것을 아는 데
많은 시간이 걸린다
입으로 사는 사람들
바보들에게도

준비

오 분 대기조
옷을 입고 잔다
신발도 벗지 않고

믿는 사람들
항상 준비하고
있어야 한다
대기자처럼

종이 울리는 날
곧바로 뛰쳐나가야 한다
하나님에게로
영생을 위해

기쁜 일만 하라

조건 없이 주고
가진 것 다 베풀면
사랑으로 주고
사랑으로 받으면
한없이 기쁜 일

정말로 진실로 이르노니
행복한 것은 나눔이다
실천하면

분별력 있게 하라
하나가 되게 하라
실천하라
봉사하라

기쁜 일만
모두를 위해서

어머니의 바다

어머니가돌아가신후에바닷가를찾는다동질모태의어지럼증이났다장승처럼보이는노송백사장이콩밭으로보인다높은파고가아지랑이처럼보이고날으는갈매기가백로로보인다거울처럼물이맑은경포호수자애로움을보여주는해송해당화의아름다움을보지못하고귀천모歸天母를더그리워한다어머니의바다꿈속에서언제나살아움직인다바닷가의백로갈매기가풀을뜯는다면사두건을쪼아대고오징어를콩풀처럼뜯는학발鶴髮을바다안개속에서만난다갈매기의울음소리를들으려고허리를펴는모습이보일때마다한마리의백로갈매기가되어어머니를찾아멀리날고싶다

사랑하기

무엇을 사랑할까
어떻게 사랑할까
이웃을 인간을
세상을

아름다움이 사랑이다
아낌없이 주는 것이다
헌신이 사랑이다

사랑하지 않고 살면
살 길이 없다 이 세상은
온 누리의 것들이
모두 사랑으로 채워져서

악은 악을 낳지만
사랑은 사랑을 낳는다
더 나은 사랑을 위해
누구든지 사랑하지 않으면
안 된다

무조건적인 믿음

두 종류의 사람
따라다니는 자
부르심을 받은 자

옆에 있으면서
먹는 것 입는 것을
계산속으로 따지고
행동하지 마라
걱정하지 마라

따라 오너라
산 자는 산대로
죽은 자는 죽은 대로

그것이 믿음이고
참 진리이고
사랑이다

무조건적 믿음이

문학

쓴다는 것은
읽는 즐거움 때문에
해석의 자유스러움
성실함을 존중하는
훈련까지도

담론 형이상하학
애매모호한 생각들
풀 수 없는 삶의 명제
위대한 우주 법칙의
인식이다

뿐만이 아니다.
내 존재의 뿌리를
알게 한다
늘

나의 주관자

창조의 힘
생명의 힘
가능성의 힘
주는 것 받는 것
하나님의
몫

인간의
의지대로
되는 것은 없다

하고 싶지 않아도
하고 싶어도
자기 마음대로
되지 않는 것
세상의 일들

모이는 것
살아가는 것
아름다운 것

모든 것의
주관자는
당신

나야 고맙지유

교회 갔다가
저 너머 고기 집에 가서
수입쇠고기 사다가
구워 먹자고
점심으로

감사할 일이지
아주 이제 제법이네
교회 따라다니더니
말도 세련되게
할 줄 알고

그려
나라고 맨 날
안 변하겠어
어디

말하기 전에

내가 할까
내가 해야 되니
그 말에 나서는 것은
아랫사람이다
믿는 자이다

하라고 말하지 않는다
우리가 해야지
너와 내가 해야지
하라고 하기 전에
하나님의
뜻대로—

믿음 없는 자

믿음은
만나는 데서
좁은 주차장에서
현관에서 손잡고
헌금함에 수줍어하며
작은 돈을 넣고
서로 웃을 때
생긴다

그걸 아는 데
빨리 아는 사람
오랜 뒤에 아는 사람
천차만별이지만

믿음 없는 사람들
죽은 뒤에나
그걸 안다

기도하는 여인

신주쿠 전철역
가랑잎 팬티만 입은
젊은 여인이 당당하게
걷고 있다

노출 바보
숨기는 것이
싫고 서러워서 벗었다고
경찰에게 흰 이빨 드러내고
웃는다

죄가 아니라면
나머지도 벗겠다고
얼굴 쳐다보며
말한다

손가락으로 하늘을
가리키는 단속원
가랑잎 여인 별안간
무릎 꿇고 눈 감더니
기도한다

연어의 아름다운 모성

무서운 곰에게 먹히고
큰 바위에 부딪히면서
자기의 고향으로
회귀한다

어린 시절이 그리워
종족의 번식을 위해
굶고 굶다 제 살 먹으려고
자기 비늘 떨군다

고향에 왔지만
쉬지도 않고
보금자리 만든다
오로지 자식을 위해
사랑노래 부르며 새끼 알 낳는다

높은 곳 영원을 위해
모래바닥에 누워
몸을 붉게 태우다가
저녁노을 속으로
아무 미련 없이 사라진다

육신은 별것 아니라고
노래하면서

순한 샘물

진리가 담긴 것
진실이 있는 것
정직함이 살아 있는 것
성경에 모두 있다
읽고 읽어보아도

거짓인 것
허구인 것
읽으면 읽을수록
사악한 마음만 키우는 것
사탄처럼

진솔한 사람
청순한 사람
늘 순한 샘물처럼
갈증을 풀어준다
신선하게
새롭게

하나님처럼—

사랑의 노래

사랑의 찬가를 부르는
노부부의 마음속에도
도랑물에서 뛰어노는 해맑은
아이들의 웃음소리에
행복이 있다

커피 향기 그윽한 거실
저편 동산의 은행나무 잎사귀
반짝이는 은빛 물결
새들의 노랫소리
똑같이 함께 노래 부를 때
삶의 희로애락이
거기에 있다

겨자씨 민들레꽃
나노 투명유리 붉은 벽돌
작은 것과 큰 것에
사랑이 있다

똑같이
함께할 때

바보들의 삶

나물 먹고 물마시면
되는 것
사는 것

욕심은 욕심을 부른다
좋은 것 먹으려고
만취로 오래 살려 하지만
건강은 건강할 때
행복은 행복할 때
존재한다

오늘은
내일의 연장선상
과거는 오늘의 역사이다
내일을 잘살려면 지금이
행복해야 한다

내일 때문에 현재가 없고
생일 먹자고 열흘 굶는 일은
못난 바보짓이다
하루살이처럼

산다는 것은

붙어서 먹고 먹히는 것
사람의 코끝
사자의 눈가
쇠파리가
눈물에

우주의 섭리
자연의 크고 작은 미물
먹고 마시는 인간 군상들
잘난 체하지만

쇠파리의 하루
인간의 덧없는 삶
작디작고 큼의
차이가 없다

신을 모른다면—

사랑하며 산다

사랑하지 않고서는
살 수 없는 것이 세상의 이치
사랑해야 한다
누구든지

혼자서는 갈 수 없어서
홀로 무거운 짐 질 수 없어서
행복 노래 불러야 한다
너와 내가

이삭은 이삭을 낳듯이
어미가 알집 새끼를 키우듯이
태어남의 이치는
신의 섭리

새벽달 청솔에 매달려
임 그리워 슬피 우는 새
소쩍새가 날지 않고 우는 사연도
만들었기에 했었기에
모든 것이
창조의 힘

아가페의 사랑

연정으로 찬 성애의 에로스 사랑
친구 인간의 필리아 사랑
하나님의 인류애인
아가페의 사랑
같지 않다

대상 꼴도
너비 무게도
감정까지도 서로 다르다

그 중에
아가페의 사랑이
최고의 선

끝없는 사랑
언제나 변함없는 사랑
세계를 같은 잣대로 재는 것은
오직 하나님의
사랑뿐 —

당신의 아름다운 자리

행복한 날이여
행복한 날이여
아름다운 날이여

멀지도 가깝지도 않은 날
뒤돌아 아니 보아도
꿈꾸고 춤춘 날 있었지

청사초롱 불 밝히던 날
화들짝 핀 연꽃 당신
청둥오리 청둥호박 되어
보듬고 비비어서

행복한 날이여
행복한 날이여
꽃으로 살던 날이여

연꽃 당신이
그 자리에 있어서
행복한 날이여

진달래꽃

꽃이 피면
같이 가자던
그대는 어디로 가고
지금은
제 홀로 피어 있나
산과 들에

피고 지는 듯
가고 오는 듯
생각나는 것은 고향의 봄
진달래꽃
당신

보고 만나면
물어보고 싶다
지금도 피는지
내 살던 고향에

진달래꽃이—

함께하리다

약속 언약
그 말을 믿기에
두 눈을 늘 감는다
기도하려고

사람들이
오늘도 내일도
엎드려 두 손 모으고
갈구한다

믿음이
함께하기를
돈독해지기를

하나님을 위해서
영생을 위해서

소녀의 기도

욕을 먹습니다
거기 대면

일찍 가려고
도로 위에 차를 세우자
차량 관리 예수은사님
웃으며 가로막는다

남의 말 무시하는 학발鶴髮
까칠한 표정으로 귀찮아서
차문을 쿵쾅 닫는다.

아내가 재빠르게
내 대신 웃으며
원래 우리 양반이 그래요
언제 철이 들지

그 말에
차에 올라타고서도
슬며시 고개를 드는 용심

시동始動을 걸자
백미러에 걸려 있는
아름다운 소녀의 얼굴이
좌우로 흔들린다.

겸손하라고

하면 된다

따라하는 것
반대하지 않는 것
배려하는 것이
모임의 힘이다

육체노동처럼
힘든 것이 아니다
무거운 짐 지는 것도 아니다
사소한 것을 지키는 것이다
실천하는 일이다
행동으로

못 한다는 것
결국 자기의 마음이고
실천의지다

아프로디테여

아프로디테여
사랑이라는 이름으로
슬픔을 노래하지 마라
눈물 속에 슬픔이 있음을
웃음으로 말하지 마라

초록 눈을 가진 당신을
하얀 박꽃 잎으로 바라보는
코즈모폴리턴의 포식자들에게도
횡포의 미움을 사랑해 주어라

언제나 아름다운 그대여
더러는 배고픔이 서러워
진실의 애가哀歌를 부르더라도
사랑으로 입 맞추어라

아름다움은 아름다움을 위해
있어야 할 곳에 있어야 하기에
오늘도 웃으며 그렇게 서 있겠지만
웃지 못함을 위해서도 웃어라

아름다운 그대의 미소로

알찬 사람

쉬었다가 하자
다음에 하지
먼저 해
사탄이 주로 하는 말

쉼이 없이
미루지 않고
나서서 하는 것
절대자가 좋아하는 일

어떻게 할까가 아니라
시키지 않아도
닥치는 대로 하는 것이
참된 일꾼
알찬 사람이다

성탄절

생각나는 것이
공책노랑연필사탕엄마손
따라서 가고 받아 왔다

그렇게 좋으니
사탕을 녹여 먹고
연필로 공책에 그림을 그렸다

이건엄마이건나이건 하나님
아빠는
교회 안 갔잖아

너무 무섭게 그렸어
거짓말하면 이렇게 돼
잘못 그린 엄마
안 그린 아빠를 다시 그렸다.

백발이 성성한데
그 날이 자꾸 생각난다

버리고 싶은 것들

꼴 보기 싫은 것
있으나 마나 한 것
가져도 없는 것만 못한 것
세상엔 보기
싫은 것이 많다

흉물처럼 부뚜막 지키는
살림살이 질그릇들
집 떠난 임의 흔적
봉당에 버려진
빗자루도

아까워서
보고 싶어서
버릴 곳이 없어서
그냥 두고 하루 종일
버릴 생각 하다가
서럽고 아까워서
다음 날도 못 버린다

그게 사는 것이어서—

자전거를 타는 소녀

나팔꽃 잎사귀
스커트 입고 가로수 따라
머플러 휘날리며 달린다
자전거를 타고

하얀 다리가
살며시 보일 때마다
휘청거린다 자전거가
수줍은 마음에

가까이 교회 창가에서
휘익— 휘파람 소리 낸다
나팔꽃 훔쳐보던
미美 소년이

분홍 꽃-소녀
또 수줍어서
기우뚱거린다

꽃잎 날려서

변화

변해야 한다고
글방 외우듯 하지만
변하지 못한다.

너 많이 변했어
산다는 것은 모습이다
풍경이다
아름다움이다

살아야 하기 때문에
붉은 호랑나비
이슬 먹는 꿀벌
침 달린 고슴도치
포효하는 사자
철따라 변화한다

죽음까지 불사하지만
세상 사람들
세 살 때 버릇
못 고치고 산다

왜

칭찬

소도 웃게 하는 것
칭찬의 말

진솔하게 칭찬하라
기쁨이 넘치게

비난하거나
비평하지 말라

당신의 비평도
비평 대상이다

세 가지 거짓말

빨리 죽어야지
안 남는다는 말
시집 안 가

할머니
장사꾼
처녀

다른 사람들은
거짓말 안 하고
산다는 것도

새빨간
거짓말

양날의 칼

야누스의 얼굴
먹고 입는 것이
살 수 있는 가치가

못 살겠다고 하는 말
입에 달고 사는 사람들
밀가루 안 먹고
석유 안 먹고
물만 먹지 뭐

삶의 희로애락이
고물가에
고유가에
고금리에

한숨 속에서 나오는 말
죽기 아니면 살기지
양면의 말
이중성

무소유

대문 없는 시골집
닫아걸고 살지 않았다
아무나 자유자재로
드나들던 싸리문

밤늦도록 쏘다니다가
아버지에게 들키지 않게
몰래 들어오기가
좋았다

들어오고 싶으면
마음대로 들어오고
나가고 싶으면 나가는
공동소유의 정이
있었다

오고가는 사람들이
제멋대로 쉬어 가고
물 한 바가지 마시면
훌쩍 소리 없이
떠났다

무소유의 정신이
공동체의 개념이
넘쳤다

그렇게 편하게
사람 사는 것같이
살았다

그러나 지금은

함박웃음

착한 웃음
니꼴equal 평등
진실하고 의로운
참의

옳은 것을 옳다고
그른 것을 그르다는
판단을

스스로를
크게 드러내지만
상대를 아끼는
함박웃음

선한 웃음
지키는 것이다
받아들이는 것이다
언제나

생각하며 존재한다 · 1

나는 생각한다
제 잘났다고 생각하는 것을
당신 것이지만 내 것이 아니라는 것을
내 것이 아니라면 당신 것도 아니라는 것을
없음은 있음이고 있음은 없음이라는 것을 생각한다
술잔이 차면 비워야 채울 수 있다는 것을
모든 것을 안다면 더 배울 것이 없다는 것을
비우고 또 채우는 것이 삶의 이치라는 것을 생각한다
솔개처럼 창공으로 날고 싶은 욕망을
찬미의 노래를 크게 부르기 위한 욕구를
소년의 꿈과 이상을 찾아 헤매던 시절을
시간이 가면 싫든 좋든 알게 되고 된다는 것을
나중보다 지금이 더 중요하다는 것을
생각한다
사랑하는 임의 행복을 위해서
아름다운 그대의 희망을 위해서
꿈꾸는 사람들의 미래를 위해서
아가페의 더 높은 사랑을 위해서
생각한다

생각하며 존재한다 · 2

나는 생각하며 존재한다
비키니 수영복을 입기 위해서
맥아더 안경을 멋지게 쓰기 위해서
작열하는 태양 아래서 살갗을 태우려고
푸른 바다에서 요트를 타기 위해서
농구선수 모자를 얻어 쓰고 흉내를 내기 위해서
사각얼굴에 카이저수염을 기르기 위해서
거만과 오만을 위해서
생각한다
엄마 젖을 만지던 시절을
자판기에 한글 편지를 쓰기 위해 노력했던 것을
진달래꽃을 꺾어 주기 위해 밤잠 설치던 날들을
그녀와 들판 위를 달리고 노래하던 추억을
생각한다
꽃밭에 물을 주기 위해서
난초를 키우는 마음을 알기 위해서
나팔꽃의 외침 소리를 듣기 위해서
아내의 들꽃 같은 마음을 보기 위해서
생각한다

생각하며 존재한다 · 3

나는 생각한다
새벽이 하루에 두 번 있지 않다는 것을
삶 속에서 기회는 한 번 뿐이라는 것을
봄에 뿌리지 않으면 가을에 거둘 것이 없다는 것을
생각한다
일찍 일어난 새가 먹이를 많이 쫀다는 것을
하루에 이만 번이나 먹이를 쪼는 새가 있음을
자식을 위해 목숨을 바친다는 것을
생각한다
만나 보려고 먼 길을 홀로 떠난다는 것을
종착역으로 가지만 희망을 노래한다는 것을
도요새처럼 하늘을 날고 싶어서
생각한다
비상하는 한 마리의 백학이 부러워서
추락하는 날개를 갖지 않기 위해서
미지의 새 희망을 찾아 날기 위해서
봄바람 부는 날 떠나고 싶어지는 것을
생각한다
강물이 흐르고 백로가 앉아 있는 곳으로
나그네가 잠시 발을 멈추는 곳으로
자전거가 달리는 풍경이 있는 곳을
생각한다

빰을 맞아도 쓸데없는 일에 참견하기 위해서
장기판을 엎어도 다시 훈수하기 위해서
얻는 것이 없어도 고집을 부리기 위해서
때로는 그 대가로 가락국수를 사기 위해서
잘 알지도 못하는 말로 시를
읊는다
우자가 다중의 현자를 이끌기 위해서
위험한지를 모르면서 아는 체하기 위해서
찬사를 받고 목에 힘을 주기 위해서
생각한다

생각하며 존재한다 · 4

나는 생각하며 존재한다
창포 꽃이 피어 있는 곳이 있다는 것을
참나무가 바람에 흔들리는 언덕이 있다는 것을
마음은 공허하지만 세상은 넓다는 것을
신이 노하면 살 수 없다는 것을
빨리 힘차게 달리기 위해서
높은 곳으로 단번에 오르기 위해서
오래도록 멀리 가기 위해서
높은 이상을 더 많이 먹기 위해서
생각한다
우유와 크림빵을 먹기 위함을
파리바게트에 양복을 입고 가는 이유를
소와 삼겹살을 배부르게 먹어야 하는 것을
포만감은 하품을 하기 위한 것이라는 것을
당신에게 아름다운 미소로 말하기 위해서
생각한다
나뭇잎에 매달려 있는 이슬방울을 바라보기 위해서
하늘은 왜 푸르고 높은지를 알기 위해서
무엇 때문에 살아야 하는지를 생각하기 위해서
형식을 배우되 형식을 버려야 한다는 것을
알지 못함을 배우기 위해서
생각한다

작은 일에 바보가 되지 않기 위해서
알지 못하면서 아는 체하기 위해서
늘 높은 자리의 점수를 위해서
생각한다
무를 찾되 유를 버려야 한다는 것을
코끼리나 박테리아의 사는 이치가 같다는 것을
모두가 무상이라는 것을
생각한다

생각하며 존재한다 · 5

나는 생각한다
시저처럼 싸움을 잘해도 소용이 없다는 것을
치고 막는 것이 생로병사의 이치가 아니라는 것을
바보들의 장난일 뿐이라는 것을
강자와 약자의 차이는 티끌의 차이라는 것을
거친 파도와 싸우는 인내심을 위해서
생각한다
위험한 것이 기회라는 것을 알기 위해서
노인과 바다의 주인공처럼 고래를 잡기 위해서
죽을지 모르지만 아집을 위해서
같은 조국이 아니라는 말의 의미를
같은 민족이 아니라는 말의 의미를
백색과 흑색이 다르다는 말의 의미를
지구는 둥글고 한 지붕이라는 것을
생각한다
다툼이 다툼을 부르기 때문에 관용을 위해서
사랑이 사랑을 부른다는 것을 알기 위해서
공격보다 사랑이 더 값지다는 것을 배우기 위해서
뿌리와 둥지가 어디일까를 위해서
생각한다

하늘과 땅의 끝을 알아도 아무 소용이 없음을
잠시 머물다가 정처 없이 갈 것이라는 것을
삶과 죽음은 시작과 끝이라는 것을
생각한다
또 그리고 또 수도 없이
끝날 때까지 생각하고 또
생각한다
내가 아닌 모두를 위해서
더 힘찬 영광을 위해서
더 높은 사랑을 위해서
생각한다

□

산 문

항상 기뻐하라

사랑하는 당신에게

말하고 싶다. 보기 좋은 떡이 먹기도 좋다는 말처럼 웃는 얼굴이 더 아름답다는 말이 있다. 하지만 사람들이 그것을 아는 데는 많은 시간이 걸린다. 또한 웃는 낯에 침 못 뱉고, 울고 있는 사람에게 욕하는 것보다 더 큰 죄는 없다는 말도 있다. 이 말들은 칭찬할 때나 슬퍼할 때나 웃고, 용서해 주고, 칭찬해 주자는 말이다.

따지고 보면 아무 것도 아닌 것을 가지고 사람들은 화를 내고, 자기가 잘못했으면서도 그것을 깨닫지 못하고, 오히려 상대방을 화나게 하는 일들이 일어난다. 잘못했을 때 비굴한 웃음을 웃으며 용서를 구하라는 것은 아니다. 잘못을 솔직히 시인하고 정중하게 사과하면 그것이 웃는 얼굴로 사과한 것이다.

얼굴표정은 사과를 하면서도 마음속으로는 사과를 하지 않거나, 칭찬을 해주면서 찡그린 얼굴로, 건성으로 칭찬하는 것은 웃는 것과는 거리가 멀다. 마음과 얼굴표정이 항상 밝고 목소리는 부드러우며 따뜻하게 말하고, 상대방에게 친근감을 주는 그런 미소가 모두에게 기쁨을 주는 것이 된다.

당신에게 웃음을 주는

사람도 늘 기쁜 것만은 아니다. 희극배우 채플린은 우리에게 웃음을 선사한 사람이지만 성장과정이 매우 불우했다. 영국에서 태어난 그는 부모가 뮤지컬 가수였지만 아버지가 유아기에 사망했다. 어머니마저 극단을 떠나게 되자, 그는 길거리에서 춤을 추며 동냥을 하다시피 하면서 살았다.

하지만 그는 유랑극단에 들어가 코미디언이 되어서, 우리에게 늘 웃음을 선사했다. 콧수염, 큰 구두, 헐렁한 바지, 실크해트에 지팡이라는 독특한 스타일로 모든 사람을 웃겼다. 사회의 밝은 곳과 어두운 곳을 풍자하여 웃음을 선사했다.

그가 어려운 가운데서도 남을 웃길 수 있었던 것은 우연이 아니며, 자기 인생처럼 희극적 요소가 있는 그런 삶을 늘 웃으면서 살았다. 그래서 그는 많은 사람들에게 웃음과 희망과 사랑을 주었다.

그대여! 늘 근심과

걱정으로 살아가지 말라. 당신은 서울로 간 아들이 걱정되고, 먹을 것이 걱정되며, 병드신 어머님이 걱정될 것이다. 늘 걱정 속에서 살지만 그 속에 기쁨이 있고, 삶의 근원적 문제가 내재해 있다고 보면 된다. 인간의 삶은 그런 것이고, 당신은 그렇게 살도록 태어난 것이다.

매일매일 걱정할 일이 있는 속에서 기뻐하고 즐겁게 모든 일을 해나가지 않으면 안 된다. 인간이 살아가는 동안 생기는 근심을 모두 걱정하고, 그것만을 생각한다면 기뻐할 일이 아무것도 없다.

당신은 주어진 여건 속에서 서로를 이해하고 사랑하며 기뻐할 수밖에 없다. 근심, 우울증, 불평, 불만으로 가득한 사람은 병이 나기 쉽고, 신경질을 가지기 쉽다. 그러면 매사가 짜증나게 되고, 그런 것이 대인 관계를 악화시켜서 당신을 성공하지 못하게 만든다.

그대여! 항상 기뻐하라

우리는 살아가는 동안 웃음을 만들어 가며 기뻐하고 살아갈 수밖에 없다. 당신도 마찬가지다. 근심하는 것 같으나 항상 기뻐하고, 가난한 것 같으나 많은 사람을 부요富饒하게 하고, 아무것도 없는 것 같으나 모든 것을 가진 자처럼 살아야 한다.

기쁨은 모든 것에 만족을 주고, 다른 사람과의 대인관계를 원만하게 한다. 기쁨으로 일하면 능률이 오르고, 신명이 나면 살맛이 난다.

당신의 마음에 기쁨이 넘치면 실로 행복한 것이며 그렇지 못하면 실로 불행한 것이다. 범사에 항상 기뻐하라. 모든 것을 기쁨으로 맞이하고, 기쁨 속에서 살아간다면 안 될 일도 없고 못할 일도 없다.

당신의 제일 큰 행복은

마음의 즐거움을 갖는 것이다. 마음이 즐거우면 행복하다. 그러나 마음이 불안하면 행복을 느낄 수 없다. 당신이 온 천하를 얻고도 즐거움이 없으면 그것은 불행한 것이다.

땀 흘려 일한 돈으로 아내의 생일날에 꽃 한 송이를 사들고 들어왔을 때, 기뻐하는 임의 얼굴 속에서 즐거움을 볼 수 있다면 그것이 행복이고 참다운 즐거움이다.

기쁨은 사람마다 달라서 어떤 사람은 운동을 통해서 건강을 얻고 기쁨을 느낀다. 가정의 단란함을 통해서 기쁨을 얻기도 한다. 부부의 사랑, 아이들의 재롱, 건강하신 부모님에게서 행복과 기쁨을 느낀다. 마음을 다스리는 명상을 통해서도 기쁨을 얻는다.

이처럼 기쁨을 얻는 방법이 다르다. 모든 기쁨은 마음으로부터 오고, 마음속에 아무리 기쁜 일이 있어도 기쁘지 않으면 불행한 것이다. 다시 말해서 기뻐할 때 기뻐하지 못하면 그것이 불행하다.

당신은 늘 범사에 감사하고 기뻐하며, 웃음을 잃지 않는 그런 마음으로 살아가야 한다. 그것이 당신을 살찌우고 발전시키는 원동력이 된다. 또한 당신의 마음이 항상 기쁘다고 해도 양심이 불안하면 그 기쁨을 오래 간직할 수 없다. 당신은 항상 범사에 감사하고 기뻐하면서, 착한 양심을 가지고 살아야 한다.

중국과 일본은 우리에게 무엇인가

일본을 가 본 사람들은

대개 세 가지를 말한다. 친절하다. 거리가 깨끗하다. 웃고 교양 있게 행동한다. 이래서 그들은 일등국가의 민족이라고 생각한다. 그런데 독도 문제를 보면 아주 야만인에 가깝다.

남의 울타리 밖에서 안방을 들여다보고 탐내다 못해 자기 것이라고 우기는 모양새 때문이다. 정말로 웃기는 일이다. 이번에 또 일본 정부가 중학교 교과서에 이어 외교백서(2011)를 통해서 독도가 자기네 땅이라는 주장을 되풀이했다.

또한 일본 문부과학성은 18종의 중학교 사회 교과서 중 12종에 '독도는 일본 땅'이라는 내용을 실었다.

작년 외교 청서에서 한 · 중 · 일 관계를 중시했던 그들이 공동체 구상에 대해서는 백서에 간단하게 기술하면서 독도 영유권에 대해서는 그릇된 주장을 했다.

심지어는 외상이라는 사람이 국회에서 독도에 타국의 미사일 공격이 있을 때 어떻게 대응하겠느냐는 질문에, 독도는 우리 고유의 영토이기 때문에 우리 영토가 공격당한 것으로 보고 대응하겠다고 말해서 웃기는 일이 벌어졌다.

이명박 대통령은 일본의 독도 영유권 주장에 단호하면서도 성숙한 대응을 강조했다. 그리고 천지개벽이 두 번 돼도 독도는 우리 땅이라며 실효적 지배를 강화하는 일은 계속해 나가겠다고 했다.

일본은 야누스의

얼굴을 가지고 있다. 오래 전에 남북한과 4강이 모여서 북핵문제를 평화적으로 풀기 위한 논의를 지속하고 있다. 북한과 미국이 첨예하게 대립하면서, 미국은 채찍을, 한국과 일본은 당근을, 중국과 러시아는 체제 보장을 요구하는 중도노선을 취하고 있다.

우리의 입장은 어떻게든지 평화적인 방법을 마련하고 통일이 되어야 하지만, 당사자의 문제가 아닌 다자국의 문제로 변해서 어려워져 가고 있다. 우리의 지리적 위치와 역사적 관계로 보면, 우리만큼 중국과 일본을 많이 알고 있는 민족도 없다. 하지만 서로의 이해관계 때문에 어려운 점이 많다.

그들은 우리와 더불어서 21세기를 함께 이끌어 나갈 기본적 자세를 가지고 있는지 늘 다시 생각해 보게 만든다. 중국에서 들고 나온 고구려사 왜곡 문제나, 일본의 독도와 위안부 문제만 보아도 그런 생각을 하게 만든다.

중국인과 일본인, 그리고 한국인, 외모도 거의 비슷하고 동질성과 이질성이 같이 있어서, 잘 알 것 같으면서도, 이해하기가 쉽지 않은 면이 많고, 서로 얽히고설키며 사는 관계다. 때로는 서로가 한 치의 양보도 없는 것처럼 보이기도 하고, 그 반대로 상호 협력을 잘할 것 같아 보이기도 해서 늘 헷갈린다.

'왕 서방'이라고 불렀던

중국인들, 초등학교 때 선생님은 중국인을 시나진支那人이라고 가르쳤다. 비단장사 '왕 서방'이고, 6·25때는 오랑캐였다. 하지만 처음으로 그들을 접한 것은 학교를 오가다 자장면 집 앞에서였다. 발이 작은 중국 여성이 다소 어색하게 보이는 걸음걸이로 비단 옷을 입고 허드렛물을 밖으로 확 버리는 모습을 보곤 했다.

그런 이유로 자장면 집 앞 도로는 늘 습기에 젖어 있었다. 그 허드렛물 때문인지는 모르겠지만, 그 앞을 지나갈 때마다 구수한 기름 냄새와 왕만두의 냄새가 코를 자극해서, 먹고 싶은 욕망을 가지게 했다.

때로는 먹고 싶은 자장면 때문에 그들을 우러러보기도 하고 깔보기도 했다. 그러한 중국인들을 성장하면서 지켜보고 느낀 점은 무섭다는 생각이었다. 그 이유는 남의 나라에서 악착같이 돈을 모으고, 자기들끼리만 뭉쳐서 사는 점 때문이다.

지금도 그들은 21세기를 함께 열고 갈 동반자로서, 어느 때보다도 무섭게 우리를 조여오고 있다. 오천년 역사와 960만 평방키로의 넓은 땅덩어리, 그리고 13억이라는 인구가 바로 코앞에 존재하고 살면서, 우리를 숨죽이게 한다.

중국의 막강한 힘은

대국주의를 주창하며 세계에서 가장 우수한 민족이라는 범용성과 관용을 가지고 겉으로는 웃으며 대하는 데서 나온다. 또한 만만디라는 제스처로 여유를 보이고 때로는 겁을 주면서 우리 민족을 그대로 두려고 하지 않는다. 그들은 좀 더 높은 비교우위에 서려고 노력하면서 지배적인 관계를 만들려고 한다.

지금은 우리뿐만이 아니라 동양을 비롯한 전 세계를 지배하려고 몸부림을 친다. 큰소리 내기도 하고, 화를 녹이면서, 강함과 온유함의 이중성으로, 자기의 주관을 뚜렷이 내세우려고 하는 것이 현재의 그들 모습이다.

강자에게 한없이

머리를 숙이는 일본인들은 우리와 가까우면서 먼 나라다. 사방이 바다인 일본은 4개의 큰 섬으로 이루어진 나라다. 얄팍한 상술이 지배하고 이익이 된다면 하루아침에 모든 것을 없었던 것으로 하는 것을 당연하게 행동한다.

강한 자에게는 한없이 허리를 굽히고, 약한 자에게는

한없이 강한 면을 보이는 나라다. 농경문화를 계승한 불교국가 같으면서, 실제로는 기독교나 이슬람 등의 종교를 가지고 있어서, 어떻게 보면 무종교 같은 국가다.

불교나 기독교 중심인 우리와는 상당한 차이가 있다. 또한 그들은 외세의 침입을 거의 받지 않은 민족이어서, 우리와는 아주 다른 면이 있다.

일본은 고려와 몽고의

연합군에게 공격을 받았지만, 섬나라라는 이유 때문에 실질적으로 피해를 입지 않았다. 하지만 우리는 과거 2천년 동안 무려 1천 7백 번이나 되는 외세의 침입을 받은 역사를 가지고 있다. 그래서 늘 주변국으로부터 피해를 받아 온 것이 상처로 남아서, 그들을 대하는 시각이 피해의식에 젖어있다. 그들은 늘 침략국이고, 우리를 못살게 굴었던 나라이고, 그들을 믿지 못하겠다는 생각으로 대하게 된다.

일본의 문화는

와비사비 문화다. 즉 은근한 기다림을 즐기는 민족으로서, 우리가 느슨해지는 것을 기다리며 기회를 엿본다. 유연성도 가지고 있는 민족이지만, 한국은 한의 민족으로서 다소 다혈성이 있고 급한 성격이다.

한국인들이 개인을 더 중시한다면 일본인들은 단체를 더 중시해서 기업인간이라고 불릴 만큼 개인보다는 기업을 더 중시하는 점이 우리와 다르다. 우리를 36년간이

나 지배하면서, 한쪽은 억압한 자이고, 한쪽은 대립과 투쟁을 한 민족이다.

오늘날 이러한

역사가 양국의 관계를 동반자 관계로 보지 못하게 되어서, 늘 사소한 일에도 감정이 대립되고, 상호 양보를 할 줄 모르게 만든다.

하지만 오늘의 현실은 그들을 침략자인 야만인으로 비난하고, 치부해 버릴 수만 없게, 국제정세가 복잡하게 변했다. 오히려 그들은 우리를 늘 깔보면서, 겉으로는 고개를 숙이고, 속으로는 무시하는 이중성으로 우리를 대한다.

우리는 그것을 알면서도 사소한 일에도 감정을 드러내게 된다. 하지만 그들도 중국과 마찬가지로 이제 21세기를, 우리와 함께 열어 갈 동반자적 관계에 있다.

누가 더 먼저

비교우위에 설까. 중국과 일본 그리고 한국, 보이지 않는 암투가 그래서 생기고, 누가 더 비교우위에 보다 빨리 설 수 있는가를, 경쟁하고 있는 것이 오늘의 현실이다. 한국은 지정학적 문제와 북한문제로 인한 이해관계로 복잡하게 엉키면서, 중국, 일본과의 힘겨루기를 해야 하는 국면이, 어느 때보다도 우리를 더욱 힘들게 만들고 있다.

이제 미국은 물론이고, 소련까지 적극적으로 끼어들

면서 더욱 힘들어지고 있다. 이데올로기에 관계없이 사안별로 자국의 이익이 된다고 하면 뭉치고 타협을 하기도 하지만, 그렇지 않으면 가차 없이 그 반대가 되기도 하는 것이 더욱 빈번해졌다.

중국과 일본은 그 틈새를 줄타기하며 우리를 더욱 압박하는 면을 보인다. 그러한 상황에서 미국은 우리를 도와주는 우방이지만, 국제 관계라는 틀 때문에 중국과 일본, 그리고 한국을 대등한 관계에서 보려고 하거나, 때로는 중국을 먼저 생각하고, 일본을 생각하는 점들이 점점 증대되는 추세가 되었다.

우리 한국은

어떻게 보면 혼자가 되어서, 그들과 이해관계를 따지고 맞서야 하는 점이 오늘의 현실이다. 이러한 면으로 보면 우리는 언제나 밀리는 듯한, 외교와 지정학적 위치 그리고 그들의 훈수에 따라서, 좌지우지되는 현상이 필연적으로 생길 수밖에 없다. 여기에 우리의 문제가 있다. 가까워지다가도 하나의 사건이 생기면 멀어지게 되고, 그 반대가 되기도 한다. 사안별로 의견이 일치되면 합치는 것 같이 되기도 하지만, 과거적 우방이라는 개념이 상실되어 가고 있는 것이, 서로의 입장이고 모습이다.

중국의 속담에

'꼬리를 사리고 일하라.'라는 말이 있는데, 무서운 말이다. 또 다른 속담으로 '첫째 멈추고, 다음에 보고, 그런 후에 지나라.'라는 말이 있는데, 이 말도 그들의 신중함과 유연함을 느끼게 하는 말이다. 번드레한 말보다는 실리를 취하고, 그 내면에는 늘 다른 비수를 가지고 있으며, 언제나 불리하면 공격할 준비를 하고 있는 사람들이다.

일본인들 역시 겉으로는 웃고, 속으로는 얕잡아 보며, 언제나 공격할 기회를 준비하는 민족이다. 우리는 늘 그러한 틈바구니 속에서 굳건하게 산 민족이다. 북핵 문제, 고구려사 왜곡 문제, 독도 문제, 위안부 문제 등 많은 사안에 대하여서도, 우리 모두가 의지를 가지고 슬기롭게 대처해 나가야 한다.

사람은 무엇으로 사는가

개똥밭에 굴러도

이승이 저승보다 낫다는 말이 있다. 자살의 사전적 의미는 스스로 제 목숨을 끊는 것이다. 이러한 자살과 관련한 말로 자살 교사, 자살 방조, 자살 관여 같은 말이 있고, 접미어로 '죄'라는 말을 쓰면 교사죄, 방조죄, 관여죄가 된다.

이러한 말 중에 교사죄는 자살의 의사가 없는 사람에게 협박, 유혹, 모욕 등의 방법으로 자살을 하게 만든 죄가 된다. 사람은 감정의 동물이기 때문에 심한 모욕을 받으면 수치심과 좌절감 때문에 죽고 싶은 생각을 가지게 된다.

수치심과 모욕감은

허무감을 만들고, 살고 싶지 않게 만들어서, 자살을

하게 만든다. 최근에 자살이 무슨 유행처럼 번지고 있는 것도 따지고 보면 그러한 이유가 된다. 금년 들어서 자살하는 사람들이 부쩍 늘었다고 경찰청은 밝혔다.

많은 사람들의 자살 동기를 살펴보면 빈곤, 사업실패, 치정, 가정불화, 정신이상, 염세, 허무감 같은 것 때문이다. 이러한 자살은 사회적으로 많은 충격을 주고 있다.

사람은 무엇으로 사는가

톨스토이가 쓴 이 작품은 아주 특이한 작품이다. 서두에 성경 요한1서(3:14)에 나오는 사랑에 대한 말로부터 시작한다. "누구든지 세상의 재물을 가지고 있으면서 궁핍한 것을 보고도 마음을 닫고 그를 동정하지 않는다면, 어떻게 하나님의 사랑이 그 사람 안에 있겠는가. 말로나 혀끝으로 사랑하지 말고 행동으로 진실하게 사랑하라."는 말을 인용했다.

사람은 누구나

하나님으로부터 태어났지만 지금까지 그를 본 사람은 없다. 그러나 우리가 서로 사랑한다면 그는 우리 안에 있고, 그의 사랑이 우리 안에서 완성된다. 그를 사랑하면서 자기 형제를 미워하는 사람은 거짓말쟁이다. 보이는 형제를 사랑하지 않는데, 보이지 않는 절대자를 어떻게 사랑할 수 있는지를 묻는다.

가난한 구두장이를 통해서 진정한 삶의 의미를 말한다. 주인공은 아내와 자식을 거느리고 어렵게 살았다. 어느 날 겨우 만든 돈 3루불을 들고 양피를 사다가 옷을 만들려고 읍내로 갔다. 그 돈으로는 어림도 없어서 꿔준 돈 몇 푼을 받으러 갔지만 받지 못해서 술을 마신다. 그리고 귀가하는 길에 교회의 벽에 알몸으로 웅크리고 있는 사람을 발견한다.

하지만 화를 입을까 봐 두려워서 그냥 지나치다가 양심에 가책을 받아서 자기의 속옷과 외투를 벗어 주고, 얼어 죽지 않게 해서 자기 집으로 데려온다.

여기서 작가는

두 가지를 말하고 있음을 알게 된다. 굶어 죽을 정도로 살면서 친구에게 돈을 빌려주는 온정과 부끄러움이 없는 자기 자신의 양심을 그린 점이다.

그 나그네는 아무런 불평 없이 구두 짓는 일을 배우고 열심히 일했다. 그래서 소문이 나자, 어느 날 힘이 있는 자가 찾아와서 일 년 동안 찢어지지 않는 장화를 만들라고 말하며, 그렇게 못 하면 감옥에 처넣겠다고 했다. 하지만 나그네는 죽은 자가 신는 슬리퍼를 만들었다.

깜짝 놀란 주인공은 이제 죽었다는 생각을 하지만 그 반대가 된다. 세월이 지나간 후에 다시 한 여인이 두 딸을 데리고, 봄 신을 맞추려고 찾아왔는데, 그 중에 하나가 절름발이였다. 그 여인은 자기가 낳지도 않았고, 불구인 딸을 사랑으로 키우고 있다는 것을 알았다. 웬일인지 나그네는 그 모녀를 보자 이제 떠나야겠다고 했다. 그 이유로 자기는 천사였다는 말과 하나님의 벌을 받고 있는 중이라는 것을 말했다.

하나님이 한 여자의

영혼을 빼앗도록 명령해서, 그 여인을 죽이려고 갔으나 딸에게 젖을 줄 기력도 없이 쇠약해서 하나님의 말을 거역했다. 노한 하나님은 다시 인간 세상으로 보내면서, 그를 죽이고 세 가지를 알면 돌아오라고 했다.

"인간의 내부에는 무엇이 있는가,
인간에게 허락되지 않는 것은 무엇인가,
사람은 무엇으로 사는가?"

그래서 다시 인간 세상으로 내려와 그녀의 혼을 데려가다가 실수로 한 아이를 덮쳐서, 한쪽 다리를 못 쓰게 한 것이다. 그런 실수를 하고 하늘나라로 돌아가려고 했지만, 갑자기 거센 바람이 휘몰아쳐서, 날개가 부러져 길바닥에 떨어졌었다는 것을 말했다.

톨스토이는 여기서 인간은 모든 사람이 자신을 살피는 마음에 의해서 살아가는 것이 아니라, 오직 하나님의 뜻과 이웃의 사랑으로 살게 된다는 점을 말하고 있다.

사랑은 하나님으로부터 나온다.

그를 경외하고 실천하는 것만이 참 사랑이다. 사랑은 말로 하는 것이 아니라 실천과 행동으로 하여야 한다는 것이다. 보이는 사람과 형제들을 사랑하지 않으면서 보이지 않는 하나님을 어떻게 사랑할 수 있는지를 묻고 있다.

그렇게 보면 자살을 하는 것 역시 사랑의 결핍이다.

사람들의 이기심은 사랑의 부족으로부터 나오고, 과욕이 사람을 망친다. 사람이 사는 동안에 자기 마음대로 되는 것은 아무것도 없다. 무모한 자들이 그것을 아는 데는 많은 시간이 걸린다.

톨스토이가 지적한 것처럼

요즘 많은 지도자들이 매사에 욕심을 내고, 사랑이 없어서 자신을 망치고 있다. 그의 말처럼 누구든지 하나님을 믿고, 자신의 눈높이를 최대로 낮추며, 이웃을 사랑하고, 가장 보편적인 방법으로 살아갈 때, 거기에 행복이 있음을 알아야 한다.

소크라테스, 낡은 것은 새것을 위해 존재

인간은 변해야

산다고 말한다. '변화變化'의 사전적 의미는 사물의 모양, 성질, 상태 등이 달라지는 현상現狀을 말한다. 그렇다면 어떻게 변화해야 할까. 그 답을 '가재'에게서 찾아볼 수가 있다.

가재는 인간에 미치지 못하는 미물微物이다. 하지만 가재는 변화하기 위해서 위험을 무릅쓰고, 오랫동안 입었던 허물을 벗는다. 새 껍데기가 단단해질 때까지, 한동안 적에게 잡혀 먹힐지 모른다는 두려움에 떨게 된다. 하지만 허물을 벗어 던짐으로서, 새 옷을 입고, 다시 새롭게 변모한다. 그래서 현자賢者들은 낡은 계명誡命과 금기사항에서 벗어나려는 사람을 가재에 비유한다.

변화에는 위험이

항상 도사리고 있다. 기득권既得權을 포기하는 일이기 때문에, 현재의 행복이 더 큰 불행 속으로 빠져들 수도 있다. 변화란 그런 것이다. 용기가 필요하지만, 실천하지 못해서, 새 옷을 입지 못한다.

우자愚者들은 변화를 거부한다. 자기는 변하지 않으면서, 다른 사람보고는 변해야 산다고 말한다. 언제나 나는 옳고 당신은 틀렸다. 작은 일로 큰일을 오도한다. 기득권의 유지를 위해서 모든 수단과 방법을 동원한다. 하지만 한 발짝 물러나서 생각해보면 자기모순自己矛盾에 빠져 있음을 알게 된다.

요즘 사회 일각에서

일어나는 현상을 봐도 그렇다. 물질만능주의가 판을 친다. 오직 나만을 생각하는 이기주의가 팽배하고 있다. 이웃의 비참悲慘을 외면한다. 전통이 무시된다. 수직적, 수평적 관계가 무너져서 위아래가 없다. 모두가 변화를 거부하는 데서 기인하고 기득권의 안주 때문에 생긴다.

반대로 혹자或者들은 급진적인 '변환變換'을 요구하기도 한다. 하지만 변화와 변환은 아주 다르다. '변환'이란 전혀 다른 사물로 변하여 바뀌는 것이다. 열에너지가 전기에너지로, 어떤 핵종核種이 다른 원소元素의 핵종으로 바뀌는 것이다. 사람들이 변해야 산다고 해서, 완전히 그 모습을 바꾸는 변환을 요구하는 것은 아니다. 그것을 착각하면 사회적 혼란이 생긴다. 가재가 허물을 벗는 일은 변환이 아니라 변화이다.

선각자先覺者**들은**

변화를 거부하지 않는다. 새로운 변화가 곧 기회機會라고 생각하고 행동한다. 자기의 모든 기득권을 버리고 항상 초심의 마음으로 돌아간다. 새로운 것으로부터 시작하려는 혜안慧眼을 가지고 있다. 신사고新思考를 먼저 받아들임으로써 새로움을 추구하는데 주저하지 않는다. 그리고 무엇인가 새로운 것을 창출해 낸다.

반대로 기득권자들은 변화에 직면하면, 낡고 오래된 안전장치 속으로 퇴각하려는 경향이 강하다. 자기주장을 강하게 피면서, 더 많은 기득권을 인정받으려고 한다. 그래서 자신이 모르는 것에 대해서는 좀처럼 귀를 열지 않는다. 새롭고 낯선 것을 맛보거나 냄새 맡아 보려는 것을 거부한다.

소인小人**들 역시**

변화를 거부하면서 쾌락을 추구한다. 행복과 쾌락快樂을 혼동한다. 행복은 모두가 추구하는 이상理想이지만 쾌락은 절대로 아니다. 행복은 새로움에 대한 변화를 통해서 더 높은 단계로 진입한다.

철학자 니체는 쾌락에 대하여 말했다. 니체는 이미 백여 년 전에 '모든 쾌락은 영원을 구한다. 하지만 변화하지 않는 영원한 쾌락을 구한다고 해서 그것이 반드시 행복일 수는 없다. 쾌락은 더 높은 단계의 또 다른 쾌락을 추구하다가 파멸한다.'는 말을 했다.

블롬베르크 역시 '행복한 것도 능력이다. 능력은 근육을 단련시키는 것처럼 철저한 연습과 훈련을 통해서 얻을 수 있다. 하지만 새로운 변화를 통해서 더 높은 단계의 행복을 얻을 수 있다.'고 말했다. 높은 단계의 행복은 결코 우연으로 만들어지는 것이 아니다. 가재처럼 새 옷을 입는 데서 찾게 된다.

행복이란 관대한

운명이 가져다주는 선물이 아니다. 변화가 수반되지 않는 행복은 단조로움 때문에 불행에 빠지게 된다. 오늘이 행복하다고 해서 반드시 내일이 행복한 것도 아니다. 매 순간들을 행복하게 살 수도 없다. 따라서 변화와 함께 행복도 변하게 된다.

행복의 가치기준은 자기 스스로의 잣대다. 자기가 평가하는 행복지수는 남과 다르게 나타날 수밖에 없다. 그것을 모르면 안위에 빠지게 되어서 위험해진다. 가재처럼 새 옷을 입는 변화가 요구되지만, 그 속에 안주하려고 한다.

사람들은 어떻게 해야 가장 행복하게 사는 것인지를 모른다. 방법을 모르기 때문에, 자기주장이 강해지고, 금기 사항만을 말한다. 따라서 기득권자들의 주장이 강하게 어필될 수밖에 없다.

사람들에게 지금 무엇이

제일 걱정이냐고 물으면, 풍요로운 세상이지만 안심하고 먹을 음식이 없다. 세상에서 일어나는 무차별적 범죄 행위들이 무서워서 살 수가 없다. 이대로 살다가는 늙어서 노후 대책이 없다는 불확실성不確實性의 세상을 말한다. 왜 그런 생각들을 할까에 대한 대답은 불신풍조不信風潮다. 풍요 속에서 상대적 빈곤을 느끼고, 각박하게 살고 있는 이유들과 변화에 대한 두려움 때문이다.

변화를 통해서

새로움이 추구되었다. 선각자들은 전통이란 사슬을 과감히 끊고, 새로운 지평을 열었던 자들이었다.

그들은 인류가 더욱 지속적으로 발전할 수 있도록 가능성을 넓히는 데 기여함으로써 세상을 밝게 만들었다.

지금의 현상들도 오랫동안 입었던 허물을 벗고 새롭게 태어나려는 시도들이 여기저기서 나타나고 있다. 하지만 기득권을 유지하려는 무리들도 많다. 양자의 충돌 현상이 심화되면서 사회적 혼란이 가중되고 있다. 하지만 가재처럼 단단한 껍질로, 더 튼튼하게 변모하기 위해서는. 새 옷으로 갈아입는 혜안이 필요하다.

그렇다고 해서 변환을 해서는 안 된다. 모든 것을 일시에 바꿀 수가 없기 때문이다. 변화는 새로운 것을 창조한다. 지금까지 인류문화를 발전시킨 것은 변화이기 때문에 그것을 누구도 부정하지 못한다. 장구長久한 역사를 통해서도 그것을 알 수 있다. 많은 선각자들의 신사고가 인류를 발전시켰다.

개인의 행복 역시

변화를 통해서 얻을 수 있다. 소크라테스는 '낡은 것은 새로운 것을 창조創造하기 위해서 존재한다'는 말을 했다. 기업 역시 변화하지 못하면 망한다. '50년대 선두 기업 가운데 지금까지 살아남은 기업이 거의 없다. 그 이유는 기득권 속에 안주하였기 때문이다. 누구든지 현재의 행복을 버리는 것처럼 위험한 것이 없다. 하지만 그것을 과감히 벗어던지는 자가 더 높은 단계의 행복을 얻게 된다. 가재처럼 위험을 무릅쓰고 새 옷을 입는 일이 오늘의 문제다.

고정관념을 탈피해야 한다.

오래된 계명과 금기사항에서 다소 자유스러워져야 한다. 새로운 것에 눈을 떠야 한다. 창의성을 발휘하고 그것을 실천하는 일이 필요하다.

우물 안의 개구리가 되어서는 안 된다. 젊은이들은 세계 속에서 살아야 한다. 그렇게 하기 위해서는 '변환變換'이 아닌 가재처럼 허물벗기의 '변화變化'가 필요하다.

수증기 한 방울로도 사람을 죽일 수 있다

하나님 노여움을 푸십시오.

우리가 무엇을 잘못하였기에 정말로 무섭고 또 무섭습니다. 어떻게 이런 일들이 지구상에서 일어날까? 작년의 아이티 대지진 그리고 금년의 일본 대지진-도쿄 북동쪽 센다이해상에서 9.0의 지진발생-

하나님은 수증기 한 방울로,

물 한 방울로도 사람을 죽일 수 있다는 파스칼의 말이 실감난다. 그는 「팡세」라는 작품에서 '사람은 생각하는 갈대'로서 자연계에서는 가장 약한 자라고 말한다.

사람을 부수는 데는 온 우주가 무장할 필요가 없다. 한 줄기의 증기, 한 방울의 물로도 넉넉히 사람을 죽일 수 있다.

이러한 이유로 사람은 우주가 자기보다 우세하다는

것을 알고 있지만 반대로 우주는 그것을 전연 모르기 때문이라고 했다. 그러므로 우리의 존엄성은 완전히 사고에 있는 것일 뿐이라고 말한다.

인간은 무한과 무無의 중간자로서 비참하면서도 위대한 모순적 존재로 제시하고 있다. 인간의 비참성은 진리나 정의에 대한 무력無力이나 우주에서의 보잘것없는 위치가 분명하다.

하지만 인간을 다른 편으로 보면 생각하는 갈대이기 때문에 인간의 위대함과 존엄성이 있다.

인간은 자기의 비참함을

알기 때문에 위대한 것이지만, 그 비참함을 의식하는 것만으로써 인간이 구원받지는 못한다. 따라서 파스칼은 인간의 구제를 위해서는 철학 같은 인간학적 차원보다는 신학적 차원으로 비상해야 한다고 말하며, 무력한 이성을 믿지 말고 마음을 다하여 신을 찾으라고 말한다.

사람은 은총 없이는 지울 수 없는 천성적인 오류가 가득찬 주체이다. 모든 것이 사람을 속이는 것이어서 이성과 오관이라는 진리의 이 두 가지 근원이 각각 진실성이 없을 뿐만 아니라 서로 서로를 속인다고 보았다.

오관은 거짓 외양으로

이성을 속이고 이성에 대하여 하는 것과 똑같은 속임수를 이들도 이성에게서 받는다.

오관과 이성이 서로 앙갚음을 하며, 속이고 속게 된다

고 파스칼은 말하다.

자기에 대해서도

이렇게 말한다. '자기 자신을 알아야 한다.' 이것이 진리를 찾는 데 도움이 되지 않는 때라도, 적어도 생활을 규제하는 데에는 도움이 되는데, 이보다 더 옳은 일은 아무것도 없다고 말한다.

나는 내 존엄성을 공간에서 구할 것이 아니라, 내 사고를 조절하는 데서 찾아야 한다. 또한 내가 땅을 많이 차지한다고 해서 가진 것이 더 많아지는 것은 아니다."라고 말한다. 사람은 자기가 짐승 같다고 생각하여도 안 되고 천사와 같다고 믿어도 안 되며, 이것저것을 다 몰라도 안 되며, 두 가지를 다 알아야 된다고 말한다.

파스칼은 우리의

모순들에 대하여 '우리 존재를 멸시하는 것, 하찮은 것을 위하여 죽는 것, 우리 존재를 미워하는 것'이라고 말하며, 사람은 천성적으로 잘 믿고, 의심이 많으며, 수줍어하고, 무모하다는 말을 한다.

사람은 세 가지 유類가 있다고 말한다. 신을 찾아냈으므로 섬기는 사람들과, 신을 발견하지 못하였으므로 그를 찾으려고 힘쓰는 사람, 찾지도 않고 발견도 못 하는 사람들이라고 말한다.

여기에서 전자의 사람들은 분별 있고 행복한 사람이며, 중간자들은 불행하지만 분별 있는 사람들이고, 후자는 어리석고 불행한 자로 말하며 믿음이 있는 자들이 가장 행복한 자들이라고 말한다.

이러한 이유로 파스칼은 신을 찬미하고 예수 그리스도는 우리의 모든 덕이며 우리의 복락이라고 말한다. 그래서 우리가 그를 떠나면 악습, 비참, 오류, 암흑, 죽음, 절망이 있을 뿐이라고 말한다. 그리고 '만약 자연으로 신을 증명하는 것이 약한 증거라면 성경을 멸시하지 말라. 또한 이런 모순들을 안 것이 힘의 표시라면, 그것으로 성경을 존중하라'라고 말한다.

신을 믿는 방법에 대해서는

이성과 습관, 영감으로 믿는 세 가지 방법이 있다고 제시한다. 내일 해가 뜨리라는 것과, 우리가 죽으리라는 것을 누가 증명하겠는가, 하지만 그것보다 더 믿어지는 것이 없다는 것이다. 그것은 우리의 관습이 그와 같은 것을 믿게 하는 것으로서 관습이야말로 수많은 그리스도인을 만드는 것 중의 하나가 된다고 말한다.

불신자에 대해서도 이렇게 말한다. 신의 편에서 더 힘있는 기적이 일어나든지, 혹은 적어도 그런 일이 일어날 것이라고 예언되지 않고서는, 마귀로부터 기적이 일어난 일은 없었다는 역설로 불신자의 잘못을 지적한다. 또한 배가 가라앉지 않으리라는 확실한 보증만 있으면 폭풍이 휘몰아치는 가운데 있을지라도 배에 타고 있는 것이 유쾌한 일이 되는 것처럼 교회를 괴롭히는 박해들 역시 이러한 성질의 것들이라고 말한다.

오류에 빠지는 자들은

다음의 두 가지를 보지 못하기 때문으로, 사람은 자기의 비참을 알지 못한 채 얼마든지 신을 알 수 있고, 신을 알지 못한 채 자기의 비참을 알 수도 있다는 점 때문이라고 말한다. 그러나 신과 자기의 비참을 동시에 알지 못하고서는 예수 그리스도를 알 수 없기 때문에 '예수는 만물의 목적이요, 만물이 쏠리는 중심이며, 그것을 아는 자는 모든 사물의 이유를 아는 것이 된다.'고 말한다.

파스칼은 '인간은 무한히 인간을 초월하고 있다.'라는 종교적 고찰을 통하여 인간의 모순을 해결하고 비참으로부터 벗어나는 길이 그리스도에 의해서 되어 있음을 밝히고자 하였다. 무력한 이성을 믿지 말고 마음을 다하여 신을 찾으라고 말한다. 그렇게 함으로써 비로소 신체와 정신의 질서를 초월하여 살아있는 신과의 내적 관계가 확보되는 사랑의 질서로 비약하는 일이 가능해진다고 말하고 있다.

작가란 무엇인가

작가란 무엇인가에

대해서 이설이 많다 하지만 여러 분들에게 몇 가지를 말하고자 한다. 이제 '작가의 방'에 사립문을 열고 들어오신 여러분들에게 축하를 드린다. 그리고 연로하신 몸으로 오늘 행사에 참여하신 원로 시인 H선생님에게도 감사의 예를 올린다.

선생님은 저의 은사이시다. 선생님께서 아주 젊은 시절에 고등학교에서 국어학을 가르치시면서 저의 대학에서 시학을 가르치셨다. 선생님은 늘 저에게 A학점을 주었다. 공부를 못 하는 저에게 그런 후한 점수를 늘 주셔서 이상하게 생각했다. 그런데 나중에 알고 보니 그것은 새싹을 키우시겠다는 의도와 길을 열어 주시겠다는 선생님의 의도가 있었다는 것을 먼 훗날 알게 되었다.

오늘 이 자리에서

등단 패를 받으시는 여러분들은 선생님의 사상관, 우주관을 배우고 따라 하기 위해서, 방금 작가라는 방에 사립문을 열고 들어선 것이다. 이제 글쓰기를 시작하는 것이다. 고대로 가면 영감에 의해서 시詩를 쓴다고 생각했었지만 그것이 아니다. 끝임 없는 노력에 의해서 훌륭한 작가가 태어나는 것이다.

어떤 분은 1만 시간의

연습을 가져야 정진할 수 있다고 말한다. 끝임 없는 반복성과 인내가 있어야 한다. 작가가 되었다고 남다른 재주가 있어서 그리 된 것이 아니라, 이제 글쓰기를 하는 예술인으로서의 길을 가게 된 것이다.

며칠 전 우연히 텔레비전을 시청하다가 '시니어 미인대회'가 있다는 것을 알았다. 어떤 분이 미美로 당선되었는데, 그분은 자기가 수필가라고 말하면서 작가로 등단한 것보다, 시니어 미인대회에서 미美로 당선된 것이 더 기쁘다고 말했다. 작가를 하대下待하는 것 같은 뉘앙스의 말을 했다.

나는 그분의 말을 듣고

너무 화가 치밀어 올라서 흥분했다. 저분은 정말로 예술의 세계를 아는 분인가. 문학이 무엇인지를 아는 사람인가. 너무나 슬프고 기막혀서 저절로 주먹에 힘이 들어갔다.

천재 작가 '이상'은 너무 가난하여 젊은 나이에 폐병이 걸려 죽어가면서, 닭 30마리만 고아 먹고 죽었으면 한이 없겠다는 말을 했다. 그리고 창녀와 살았다는 믿지 못할 이야기도 나온다. 하지만 '이상'은 「오감도」라는 작품을 썼다. 이 작품은 형이상학적인 초현실주의 기법으로 쓴 시이다. 오늘도 우리는 이 시詩를 제대로 이해하지 못한다. 우리는 그를 천재라고 말한다.

'알베르 카뮈'는

「이방인」이라는 작품을 썼다. 이 작품을 출판하기 위해서 무려 7년 동안이나, 이리저리 출판사를 찾아서 돌아다녔지만 책을 찍지 못했다. 그래서 그는 술 몇 잔을 얻어먹고 원고를 넘겨주면서 책으로 출판되었다. 하지만 사회에 반한다고 하여서 이내 금서禁書조치 되었다. 하지만 그가 죽은 후에 재평가되면서, 센세이션을 일으키는 명작이 되어 만인의 사랑을 받고 있다.

'김소월'은 「진달래꽃」이라는 시를 써서 만인의 연인이 되었다. 이 자리에 계신 H선생님은 「별이 뜨는 강마을에」라는 시를 써서 우리의 젖줄인 북한강변에 시비를 세우고, 우리가 모두 선생님을 추앙하고 있다. 이렇게 보면 문학을 하는 작가가 된다는 것이 얼마나 값진 것인 줄 알게 된다.

시니어 미인대회에서

미美에 당선된 그 사람이 정말로 문학을 이해하고 있는지 모르겠다. 그렇다면 작가는 무엇인가. 작가란 무엇인지에 대해서 많은 이야기를 할 수 있지만 세 가지만을 말하고자 한다.

첫째는 '예술을 지향'하는 사람이다. 전술한 것처럼 배가 고프면서도 '예술 지향의 세계'를 추구하는 사람이다.

둘째는 작가정신이다. 작가는 돈을 벌려고 글을 쓰지 않는다. 권력이 생기는 것도 아니다. 육체적인 힘이 생기는 일도 아니다. 하지만 오직 글만을 쓰는 사람이다. 늘 신사고의 글을 씀으로써, 이러한 것이 먼 훗날 역사적인 기록물로 남거나, 예술성 있는 창작물이 되는 것이다. 그렇게 보면 작가는 자기의 '사상관'이나 '우주관'이 철두철미해야 한다. 작가에게는 올바른 '작가정신'이 늘 필요하다.

세 번째는 선과 악의 구분이다. 중국의 '왕중구'는 「디테일의 힘」이라는 책을 썼다. 이 책의 내용은 간단하지만 음미의 폭이 넓다. 100에서 1를 빼면 수학적 논리로 99가 정답이지만 0이 답이라는 것이다. 그렇다면 왜 그런 주장을 했을까. 100번 잘하다가도 1번을 잘못하면 모든 것이 허사가 된다는 것을 말하는 것이다.

작가가 정직하지 못해서

거짓말을 하거나, 욕심을 부리거나, 여기저기 정치판을 기웃거리려고 한다면 이미 그는 작가가 아니다. 작가는 글로 말해야 한다.

한 편의 글이 작가를 죽이기도 하고 살리기도 한다는 것을 알아야 한다. 한 번 잘못한 것이 '왕중구'의 말처럼 모든 것을 망가뜨린다. 남의 글을 몰래 베끼거나 패러디하여 글을 써서는 절대로 안 된다. 그런 잘못은 언제인가 밝혀지게 되고, 그것으로 인하여 영원히 죽게 된다. 작가는 참을 추구하고 사욕을 버리며, 매명賣名을 위해서 글을 써서는 안 된다.

'엘빈 토플러'는

「미래의 부富」라는 책에서 이 세상과 인터넷에는 좋은 정보와 나쁜 정보가 함께 있지만, 그것을 가릴 줄 아는 혜안을 가진 사람만이 부를 창출하고, 그것을 가질 수 있다고 말한다. 작가의 올바른 사상관, 세계관이 자기를 높이고 살찌게 하는 것이다.

남을 비방하거나 욕을 해서는 절대로 안 된다. 남을 욕하면 자기가 높아지는 것으로 알지만, 그 반대로 자기의 품위가 추락하게 된다.

모두를 사랑하는 마음,

예술을 사랑하는 마음, 문학을 사랑하는 마음을 늘 가슴속 깊이 새기며 살아가는 사람이 작가인 것이다. 그렇게 보면 작가야말로 이 세상에서 가장 값지고 아름다운 일을 하는 사람인 것이다.

끝으로 저의 은사이신 H선생님과 이제 막 사립문을 열고 '작가의 방'으로 들어오신 여러분에게 다시 한 번 축하를 드립니다. 감사합니다.

(신인작가등단패수여식 Speech)